엄마표 동화 그리기 놀이

신데렐라

엄마표 동화 그리기 놀이 신데렐라

글 몽땅연필　**그림** 천소
펴낸이 정규도
펴낸곳 ㈜다락원

초판 1쇄 발행 2015년 10월 20일

책임편집 김은혜, 장의연
디자인 想 : 상 company

다락원 경기도 파주시 문발로 211
내용문의 02-736-2031(내선 522)
구입문의 02-736-2031(내선 250-251)
팩스 02-732-2037
출판등록 1977년 9월 16일, 제300-1977-23호

Copyright ⓒ 2015, 몽땅연필, 천소

저자 및 출판사의 허락 없이 이 책의 일부 또는 전부를 무단 복제·전재·발췌할 수 없습니다. 구입 후 철회는 회사 내규에 부합하는 경우에 가능하므로 구입문의처에 문의하시기 바랍니다. 분실·파손 등에 따른 소비자 피해에 대해서는 공정거래위원회에서 고시한 소비자 분쟁 해결 기준에 따라 보상 가능합니다. 잘못된 책은 바꿔 드립니다.

값 12,000원
ISBN 978-89-277-0067-8 14590
ISBN 978-89-277-0066-1 (세트)
사용 연령 3세 이상

홈페이지 www.darakwon.co.kr
다락원 홈페이지를 방문하시면 상세한 출판 정보와 함께 다양한 정보를 얻으실 수 있습니다.

엄마표 동화 그리기 놀이

신데렐라

글 몽땅연필 | 그림 천소

다락원

◆ 매직펜의 종류

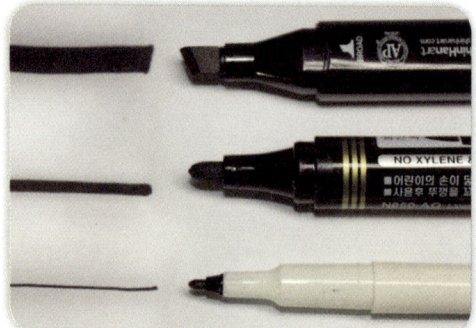

매직펜은 색깔과 두께가 다양해요. 각양각색 매직펜으로 그림을 그리고 장식해 보세요.

◆ 선 그리기와 색칠하기

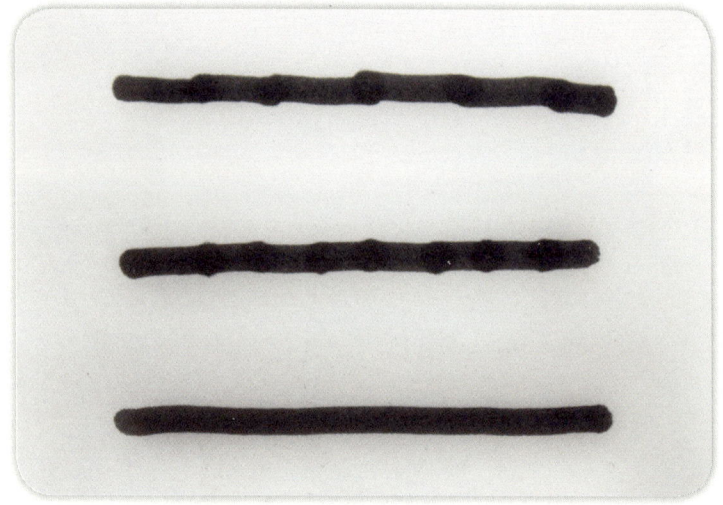

테두리 선을 그을 때도 다양한 방법이 있어요. 직선이나 사선을 그을 때 똑바로 그리지 않아도 돼요.

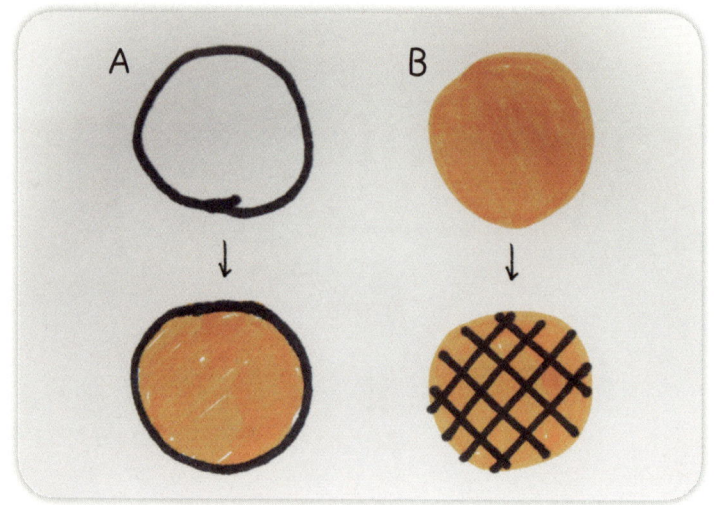

색을 칠하고 모양을 꾸미는 방식도 여러 가지예요. A는 테두리를 먼저 그렸어요. B는 색을 칠하고 그 위에 모양을 그렸어요. 매직펜은 크레파스나 색연필과 다르게 연한 색을 먼저 칠하고 그 위에 진한 색을 덧칠할 수 있어요. 대신 매직펜의 물기가 마른 후 덧칠해야 번지지 않아요.

* 반드시 책과 똑같이 그릴 필요는 없어요. 이 책도 동화의 완성 그림과는 조금씩 다르게 그려져 있어요. 자신의 감성대로 자연스럽게 그리는 것이 더 중요합니다.

목차

- 신데렐라 얼굴 8
- 양동이·빗자루 11
- 컵·주전자 12
- 고양이·강아지 14
- 거울·빗·리본 17
- 부채 19
- 둥근 나무·뾰족 나무 21
- 할머니 요정 22
- 요술 지팡이·호박·호박마차 26
- 생쥐·도마뱀·말 30
- 꽃 드레스·리본 드레스 33
- 유리 구두 34
- 왕자 얼굴·왕자 전신 38
- 과자·빵·과일 41
- 시계·성 44
- 모자 46
- 꽃병 49
- 창문·액자 50
- 튤립·장미 53
- 부케·반지 54
- 신데렐라 전신 57

특별부록 신데렐라 컬러링

신데렐라

◈ 신데렐라 얼굴

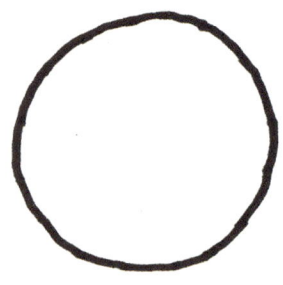
1 동그라미를 그려요.

2 앞머리를 그리고 얼굴 아래에 몸통을 그려요.

3 머리 위부터 선을 그어 머리카락을 그려요.

옛날 어느 귀족 집에 예쁜 여자 아기가 태어났어요.
하지만 얼마 못 가 엄마가 병으로 죽고 말았어요.
아빠는 딸을 위해 새엄마를 맞았어요.
새엄마는 두 언니와 함께 왔어요.

4 눈, 코, 입과 리본을 그려요.

5 선을 더 그어 머릿결을 만들어요.

6 색을 칠해 완성해요.

새엄마와 두 언니는 욕심쟁이에 심술쟁이였어요.
아빠가 없으면 소녀를 괴롭히고 온갖 집안일을 시켰어요.
그래도 소녀는 조금도 불평하지 않았어요.

◆ 양동이

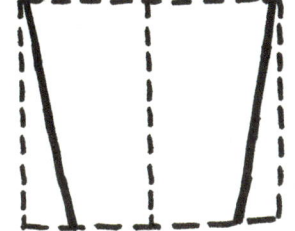  

1 연필로 사각형을 그리고 위쪽 꼭지점에서 아래로 선을 그어요.

2 펜으로 양동이 윗부분과 바닥을 둥글게 그리고 손잡이를 그려요.

3 물방울을 그려 장식하고 색을 칠해 완성해요.

◆ 빗자루

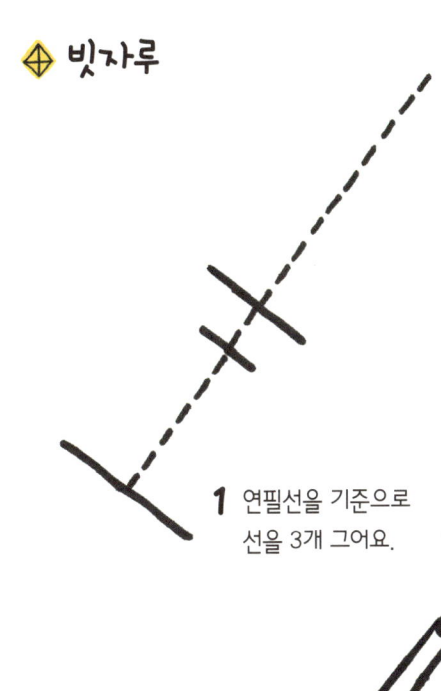 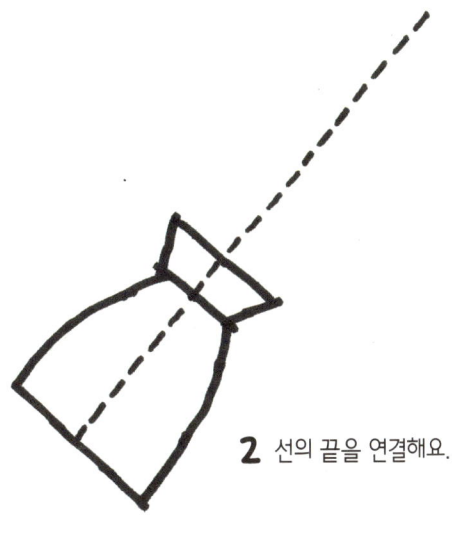 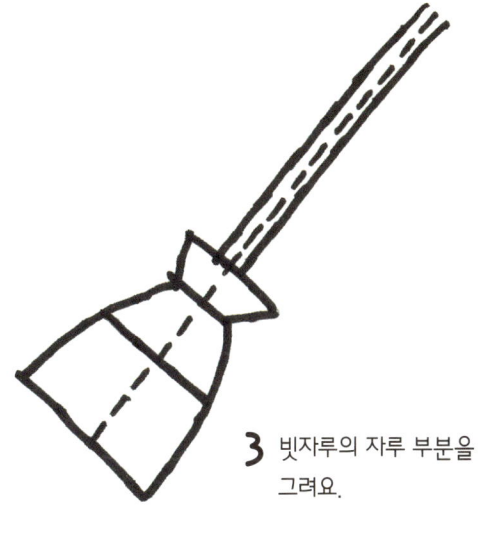

1 연필선을 기준으로 선을 3개 그어요.

2 선의 끝을 연결해요.

3 빗자루의 자루 부분을 그려요.

4 빗자루의 묶인 부분을 그려요.

5 빗자루의 결을 그려요.

6 색을 칠해 완성해요.

◈ 컵

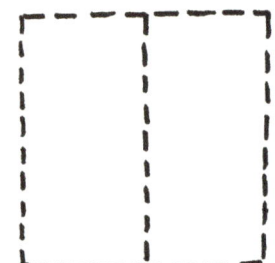

1 연필로 중심선이 있는 사각형을 그려요.

2 펜으로 위쪽 꼭지점에서 아래로 선을 그어요.

3 위아래 끝 부분을 동그랗게 연결하고 연필선을 지워요.

◈ 주전자

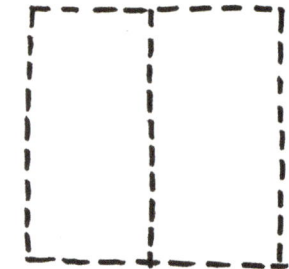
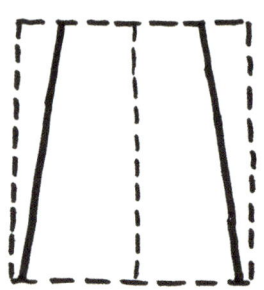
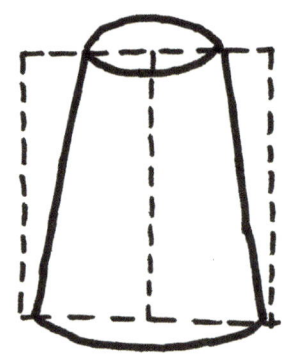

1 연필로 중심선이 있는 사각형을 그려요.

2 펜으로 윗면 중간에서 아래 꼭지점으로 선을 그어요.

3 위아래 끝 부분을 동그랗게 연결하고 연필선을 지워요.

그러던 어느 날, 아빠가 배를 타고 먼 나라로 떠나게 됐어요.
그러자 새엄마는 소녀를 더 못살게 굴었고
소녀는 밤늦게까지 고된 일을 해야 했어요.
지친 소녀는 난로 옆 잿더미에서 쉬었어요.

4 색을 칠해 완성해요.

4 주전자 몸통에 둥근 손잡이를 그려요.

5 반대편에 물이 나오는 주둥이를 그려요.

6 손잡이를 그리고 색을 칠해 완성해요.

고양이

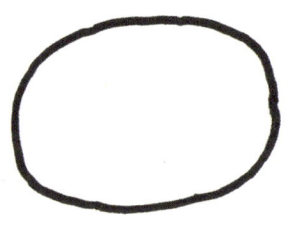
1 동그라미를 그려요.

2 삼각형 모양으로 귀를 그리고 사다리꼴 몸을 그려요.

3 눈, 코, 입을 그려 얼굴을 완성해요.

4 다리를 그려요.

5 꼬물꼬물 꼬리를 그려요.

6 고양이를 예쁘게 칠해요.

강아지

1 머리와 몸을 그려요.

2 눈, 코, 입, 귀를 그려요.

3 다리를 그려요.

4 색을 칠해 완성해요. 귀여운 리본도 달아 주세요.

어느 날 왕자의 신부를 고르는
큰 무도회가 열린다는 소식이 들려왔어요.
무도회 날이 되자 두 언니는 새벽부터 야단이었어요.
"신데렐라! 어서 내 드레스 가져와!"
"신데렐라! 당장 내 머리 빗겨줘!"

거울, 빗

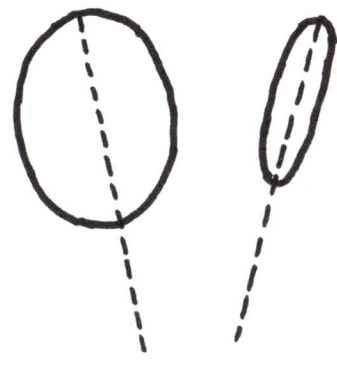
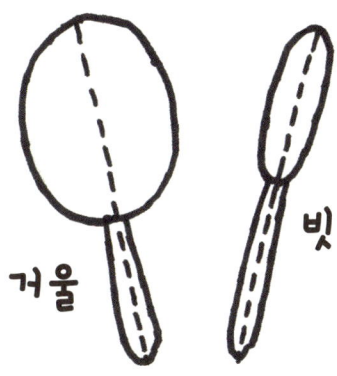

1 길쭉한 동그라미를 각각 다른 너비로 그려요.

2 동그라미 아래로 손잡이를 그려요.

3 안쪽에 동그라미를 그려 거울을 완성하고, 옆쪽에 솔을 그려 빗을 완성해요.

리본

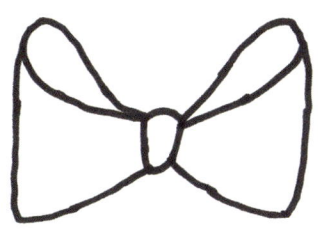

1 아래가 좁은 원을 그려요.

2 양쪽에 날개 모양을 그려요.

3 리본 몸통을 완성해요.

4 리본에 둥글게 주름을 내고 아래로 선을 내려 그어요.

5 리본의 끈을 그려요.

6 색을 칠해 마무리해요.

신데렐라도 무도회에 가고 싶었어요.
하지만 새엄마는 싸늘한 목소리로 말했어요.
"집 청소나 제대로 해 놔! 그렇지 않으면 혼날 줄 알아!"
한껏 꾸민 새엄마와 두 언니는
신데렐라를 남겨두고 무도회장으로 가버렸어요.

◆ 부채

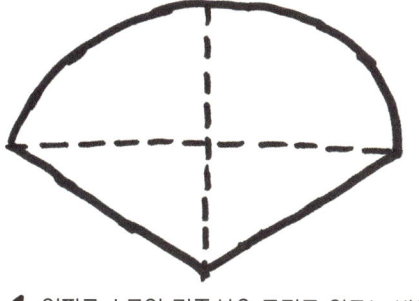

1 연필로 +모양 기준선을 그리고 위로는 반원, 아래로는 삼각형을 그려요.

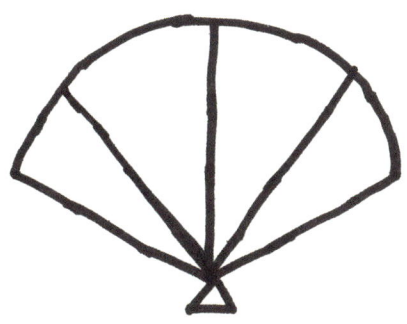

2 부챗꼴에 선을 그리고 작은 삼각형으로 손잡이를 그려요.

3 부챗살을 여러 개 그릴 수도 있어요. 예쁜 장식이 달린 다양한 부채를 그려 보세요.

신데렐라는
떠나는 언니들을 보며 눈물을 흘렸어요.
무도회에 정말 가고 싶었어요.

◆ 둥근 나무

1 연필로 기준선을 그어요.

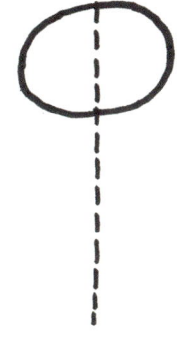
2 펜으로 윗부분에 넙적한 원을 그려요.

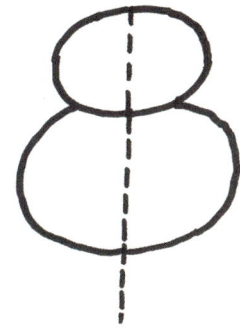
3 그 아래에 큰 원을 덧붙여요.

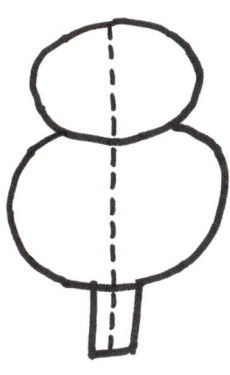
4 나무 줄기를 그리고 연필선을 지워요.

5 나무 위에 작은 새를 그려요.
어려우면 새는 그리지 않아도 돼요.

6 색을 칠해 완성해요.

◆ 뾰족 나무

1 크기가 다른 삼각형을 그려요.

2 삼각형을 아래에 덧붙이고 줄기를 그려요.

3 색을 칠해요.

할머니 요정

1 끝이 둥근 네모를 그려요.

2 네모 안쪽에 앞머리를 그리고 사다리꼴로 몸을 그려요.

3 머리를 감싸는 두건을 그려요.

4 눈, 코, 입을 그려 얼굴을 완성해요. 할머니 요정이니까 주름도 그려요.

5 요정의 팔과 날개를 그려요.

6 색을 칠해 완성해요.

"왜 그리 슬프게 우니? 무도회에 가고 싶니?"
신데렐라가 깜짝 놀라 고개를 들자
눈앞에 요정이 보였어요.

요정은 신데렐라에게 말했어요.
"가서 커다란 호박 한 개만 가져오렴."
요정이 지팡이로 호박을 톡톡 건드리니
근사한 마차로 바뀌었어요.

◆ 요술 지팡이

1 번호 순서대로 별을 그려요.   2 별 아래로 봉을 그려요.   3 끝부분을 그리고 색을 칠해 완성해요.

◆ 호박

 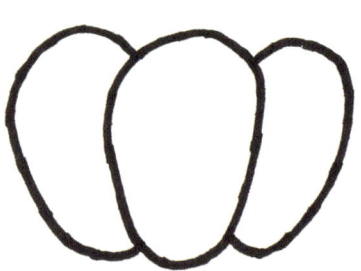 

1 아랫부분이 좁은 타원을 그려요.   2 양쪽으로 원을 더 그려요.   3 중심에서 위로 선을 그어요.

4 선 위로 원을 그려 꼭지를 완성해요.   5 꼭지 부분에 넝쿨을 그려요.   6 완성한 호박을 색칠하고 넝쿨을 더 그려요.

◈ 호박 마차

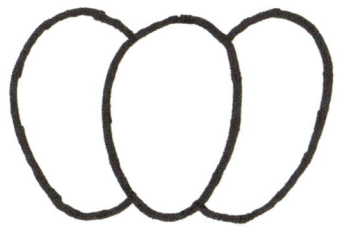

1 호박의 몸통을 그려요.

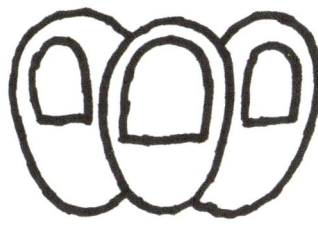

2 반원 모양의 창문을 그려요.

3 아랫부분에 직선을 긋고 그 끝에 작은 원을 그려요.

4 작은 원을 중심으로 바퀴를 그리고 호박 위에 다이아몬드를 그려요.

5 다이아몬드와 마차 앞뒤에 선으로 장식을 해요.

6 바퀴에 선을 그어 바퀴살을 만들어요.

7 창문에 사선을 그어요.

8 창문에 반대로 사선을 그어 격자를 만들고, 바퀴에 선을 더 그어요.

9 완성된 마차에 색을 칠해요.

또 요정은 생쥐와 도마뱀이 필요하다고 했어요.
요정이 지팡이로 생쥐와 도마뱀을 톡톡 건드리자
이번에는 하얀 말과 마부가 되었어요.

◈ 생쥐

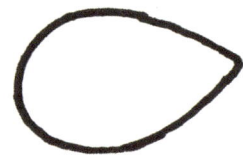 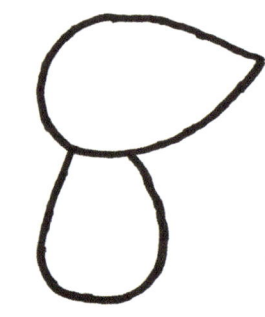 

1 옆으로 물방울을 그려요.   2 그 아래로 둥근 타원을 그려요.   3 물방울 모양으로 쫑긋 솟은 귀를 그려요.

4 눈, 코, 입을 그리고 팔과 다리도 그려요.   5 꼬리를 그리고, 귀여운 수염과 발톱을 그려요.   6 좋아하는 색을 칠해 완성해요.

◈ 도마뱀

1 끝이 둥근 네모를 그려요.   2 눈, 코, 입을 그리고 휘어진 몸을 그려요.   3 손과 발을 그리고 색을 칠해요.

말

1 끝이 둥근 네모를 그려요.

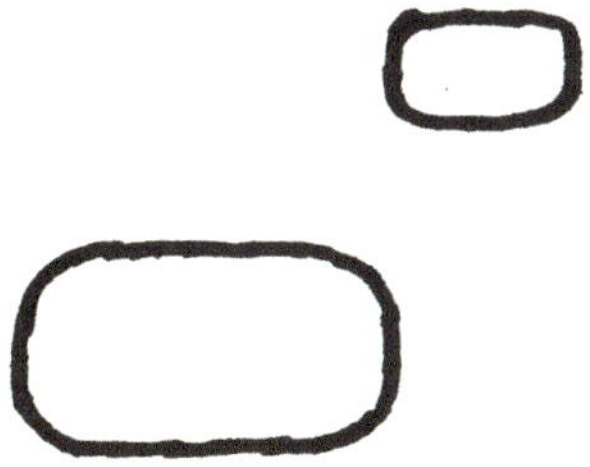

2 위쪽에 작은 네모를 그려요.

3 두 네모를 잇는 선을 그려요.

4 말의 얼굴에 귀를 그려요.

5 4개 직사각형을 그려 다리를 완성해요.

6 귀와 목을 덮는 말의 갈기를 그려요.

7 뒷부분에 말의 꼬리를 그려요.

8 눈, 코, 입과 말발굽을 그려요.

9 색을 칠해 말을 완성해요.

요정은 마지막으로
신데렐라의 옷을
지팡이로 톡톡 쳤어요.
그러자 누더기 옷이
눈부신 드레스로 변했어요.

✦ 꽃 드레스

1 연필선을 기준으로 물컵 모양을 그려요.
2 아랫부분에 풍성한 치마를 그려요.
3 동그란 소매를 그려요.

4 가운데 선을 그어 장식을 해요.
5 레이스와 무늬를 그려요.
6 좋아하는 색을 칠하고 예쁘게 꾸며 보세요.

✦ 리본 드레스

1 위의 3번에서 리본을 그려요.
2 선을 그어 장식을 해요.
3 색을 칠해 완성해요.
샤랄라~ 드레스 예쁘죠?

◈ 유리 구두

  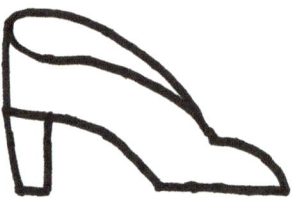

1 길고 끝이 뾰족한 물방울을 그려요.

2 구두 앞부분을 볼록하게 그리고 뒤쪽과 연결해요.

3 뒷부분에 굽을 그려요.

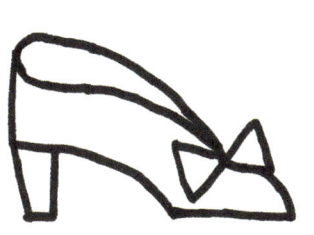

4 앞부분을 리본으로 장식해요.

5 한 짝을 더 그려, 한 켤레를 만들어요.

6 색을 칠해 유리 구두를 완성해요.

요정은 유리 구두 한 켤레를 신데렐라에게 주며 말했어요.
"밤 12시가 되면 마법이 풀린단다. 그 전에 돌아와야 해."
신데렐라는 기뻐하며 마차를 타고 무도회장으로 떠났어요.

신데렐라를 태운 마차가 궁전에 도착했어요.
아름다운 신데렐라가 무도회장에 들어서자
사람들과 왕자는 눈을 떼지 못했어요.

◆ 왕자 얼굴

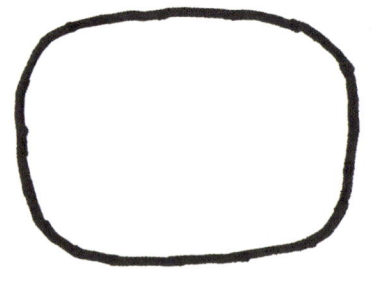

1 끝이 둥근 네모를 그려요.

2 양쪽에 귀를 그리고 얼굴 아래로 몸을 그려요.

3 네모 안쪽에 잎사귀 모양으로 앞머리를 그려요.

4 눈, 코, 입을 그려요.

5 뾰족뾰족 왕관을 그리고 머릿결과 옷깃을 그려요.

6 색을 칠해 왕자의 얼굴을 완성해요.

◈ 왕자 전신

1 왕자의 얼굴을 그려요.

2 아래쪽으로 몸통을 그려요.

3 몸통 밑으로 다리를 그려요.

4 몸통에 +선을 긋고 옷깃도 그린 뒤에 팔과 다리를 그려요.

5 손을 그리고 동그란 단추로 옷을 꾸며요.

6 색을 칠하면 완성!

왕자는 신데렐라에게 한눈에 반해
춤을 신청했어요.

◆ 과자, 빵

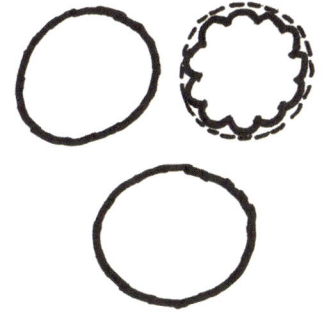

1 동그라미 안쪽으로 꽃 모양을 그려 과자를 만들어요.   **2** 작은 원과 선으로 도너츠와 빵을 장식해요.   **3** 색을 칠해 과자와 빵을 완성해요.

◆ 과일

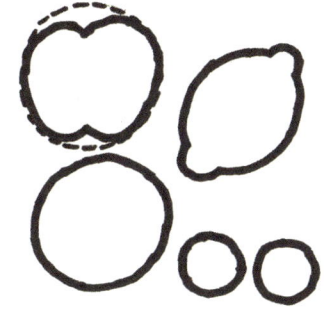

1 여러가지 모양의 원을 그려요.   **2** 과일의 꼭지를 그려요.   **3** 과일에 알록달록 색을 칠해요.

어느덧 12시를 알리는 종소리가 울렸어요.

땡, 땡, 땡, 땡……

신데렐라는 화들짝 놀라 궁전 밖으로 뛰어나갔어요.
유리 구두 한 짝이 벗겨졌지만 주울 새도 없었어요.
왕자가 뒤쫓아왔지만
이미 신데렐라는 떠난 뒤였어요.

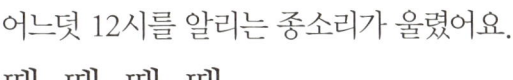

◆ 시계

 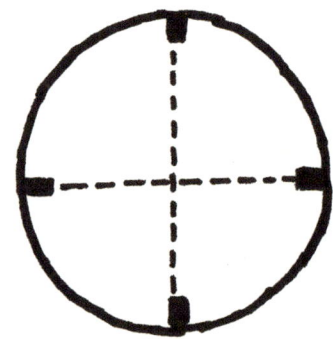 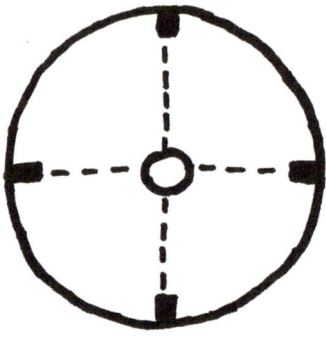

1 커다란 동그라미를 그려요. **2** 연필로 중심에 +자를 긋고 +자 끝에 굵은 점을 찍어요. **3** 중심에 작은 동그라미를 그려요.

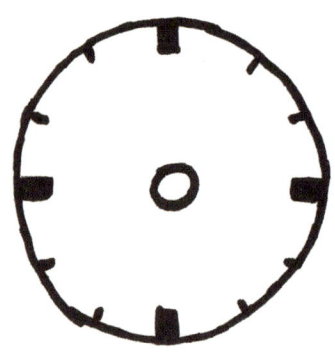 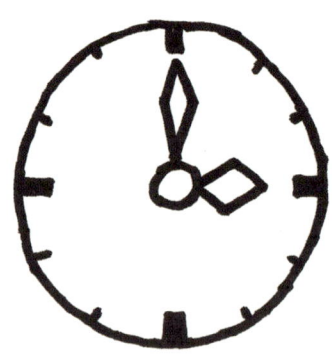 

4 연필선을 지우고 5분마다 점을 찍어요. **5** 중심에 큰바늘과 작은바늘을 그려요. **6** 바깥에 큰 원을 그리고 색을 칠해요.

◆ 성

1 삼각형 2개를 나란히 그려요.

2 삼각형 밑으로 직사각형을 그려요.

3 위로는 울퉁불퉁, 아래는 반듯한 선을 그어 연결해요.

4 반원으로 창문과 문을 그려요.

5 꼭대기에 깃발을 그려요.

6 좋아하는 색을 칠해 성을 완성해요.

다음 날 아침, 온 나라가 떠들썩했어요.
지난밤 무도회에서 만났던 아가씨를 찾기 위해
왕자가 집집마다 신하들을 보냈기 때문이에요.

◈ 모자

1 반원을 그려요.

2 아래쪽에 띠를 그려요.

3 밑으로 리본의 끈을 그려요.

46

4 아래쪽으로 끈을 하나 더 그려요.

5 리본 장식을 완성하고 넓은 원으로 챙을 그려요.

6 모자에 색을 칠해 완성해요.

47

신데렐라의 집에도 신하들이 찾아왔어요.
"이 유리 구두가 맞는 분을 찾고 있습니다."
새엄마와 두 언니는 앞다투어 유리 구두를 신었어요.
억지로 발을 밀어 넣었지만 아무도 신을 수 없었어요.

꽃병

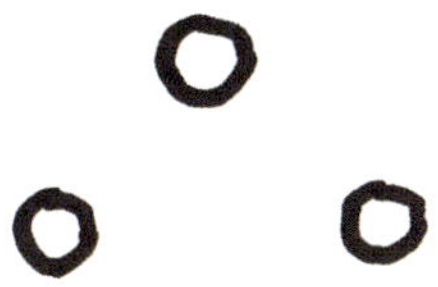

1 작은 원을 3개 그려요.

2 꽃잎을 그려요.

3 꽃 아래에 동그란 꽃병을 그려요.

4 꽃 사이사이에 하트 꽃잎을 그려요.

5 선으로 꽃과 꽃병을 연결해요.

6 선으로 하트 꽃잎과 줄기를 연결해요.

7 잎사귀도 그려요.

8 빈 부분에 잎을 그리면 풍성해 보여요.

9 색을 칠해 완성해요.

◆ 창문

1 사각형을 그려요.　　　**2** 사각형 위에 반원을 그려요.　　　**3** 중심에 선을 그어요.

4 선을 더 그어서 창문틀을 완성해요.　　　**5** 반원의 끝에 동그라미를 그리고 창문틀 안쪽에 커튼을 그려요.　　　**6** 창문과 커튼에 색을 칠해요.

◆ 액자

1 사각형을 약간 옆으로 기울여 그려요.　　　**2** 안쪽에 사각형을 하나 더 그리고 뒤쪽에 받침을 그려요.　　　**3** 액자 안에 그림을 그리고 색을 칠해요.

"아가씨도 신어 보세요!"
신하들이 신데렐라에게 말하자 두 언니는 비웃었어요.
그러나 유리 구두는 신데렐라의 발에 꼭 맞았어요!
새엄마와 두 언니는 너무 놀라서 비명을 질렀어요.
"오, 이럴 수가!"
왕궁의 신하가 신데렐라에게 말했어요.
"아가씨, 왕궁으로 가시지요. 왕자님께서 기다리십니다."

◆ 튤립

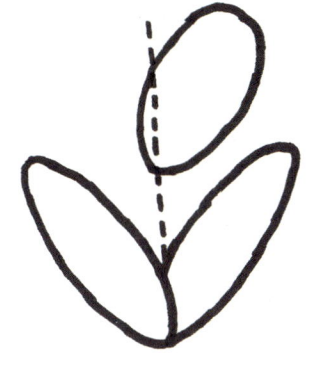 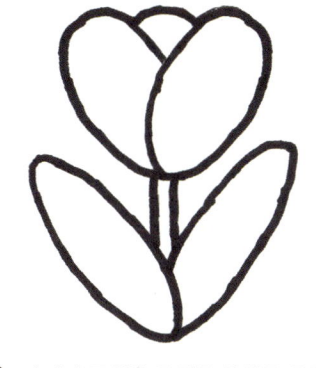 

1 긴 타원으로 꽃잎과 잎을 그려요.   **2** 나머지 꽃잎을 그리고 줄기를 그려요.   **3** 색을 칠해 완성해요.

◆ 장미

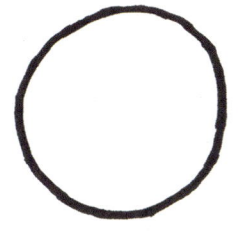  

1 동그라미를 그려요.   **2** 그 안에 삼각형을 그려요.   **3** 안쪽에 작은 삼각형을 그려요.

4 바깥쪽에 반원을 4개 그려요.   **5** 줄기를 그려요.   **6** 잎과 가시를 그리고 색을 칠해 완성해요.

◆ 부케

1 큰 대(大)자 모양을 3개 그려요.

2 大자를 감싸는 꽃을 그려요.

3 꽃 바깥으로 몽글몽글한 원을 그려요.

4 아랫부분에 리본을 그려요.

5 중간중간에 작은 원을 그려요.

6 색을 칠해 완성해요.

◆ 반지

1 두개의 원을 겹쳐 그려요.

2 위쪽에 왕관 모양을 그려요.

3 왕관 위로 동그라미를 그려 완성해요.

신데렐라는 유리 구두를 신고 왕궁으로 갔습니다.
다시 만난 신데렐라와 왕자는
행복하게 잘 살았답니다.

◆ 신데렐라 전신

1 동그라미를 그려요.

2 물컵 모양으로 아래가 좁은 사각형을 그려요.

3 반원으로 치마를 그려요.

4 몸통 양쪽에 동그란 소매를 그려 옷의 기본을 완성해요.

5 앞머리와 양쪽에 원을 그리고 눈, 코, 입을 그려요.

6 왕관과 머리 장식을 그리고 손을 그려요.

7 긴 머리카락과 드레스 장식을 그려요.

8 드레스와 머리를 예쁘게 꾸며요.

9 색을 칠해 완성해요.

특별부록
신데렐라 컬러링

아... 피곤해...

이 유리 구두의
주인을 찾고 있습니다.